应考A计划

——中高考心理调适法

杨霞 著　王陆陆 绘

中国言实出版社

图书在版编目（CIP）数据

应考 A 计划：中高考心理调适法 / 杨霞著；王陆陆绘 .-- 北京：中国言实出版社，2016.5

978-7-5171-1903-6

Ⅰ.①应… Ⅱ.①杨…②王… Ⅲ.①中学生—考试—学习心理学 Ⅳ.① G442

中国版本图书馆 CIP 数据核字 (2016) 第 118970 号

出 版 人：王昕朋
责任编辑：宫媛媛
装帧设计：水岸风创意文化

出版发行：中国言实出版社

地　　址：北京市朝阳区北苑路 180 号加利大厦 5 号楼 105 室
邮　　箱：100101
编辑部：北京市海淀区北太平庄路甲 1 号
邮　　编：100088
电　　话：64924853（总编室）64924716（发行部）
网　　址：www.zgyscbs.cn
E-mail：zgyscbs@263.net

经　　销：新华书店
印　　刷：北京温林源印刷有限公司
版　　次：2016 年 7 月第 1 版　　2016 年 7 月第 1 次印刷
规　　格：710 毫米 ×1000 毫米　1/16　8.5 印张
字　　数：100 千字
定　　价：32.60 元　ISBN 978-7-5171-1903-6

前　言

中高考学生心理调适从现在开始

每年的中高考前夕，前来进行心理咨询的学生就骤然增加，不仅有北京的学生，还有不少外地专程由家长陪同来的学生。尤其是高考学生，越到临考时心理问题越是突出，有许多同学在繁重的学习压力下，表现出了各种心理不适应的症状。

首先，超负荷学习造成学生用脑过度。许多学校假期不让高三学生休息，而是开办了各种辅导班和补习班；有些学校用两年的时间让学生加班加点地学完三年的课程，高三整个一学年就可以专门用来复习了；绝大部分毕业班的课程都安排在周一至周六，只有周日一天休息，学生课外还有大量的作业，娱乐、休息的时间被减少到极点。学生普遍反映出现睡眠不足、注意力不容易集中、头昏脑涨、记忆力下降、心情烦闷、脾气急躁等不适。有一位来自河南的高三学生，以前学习成绩一直名列前茅，连暑假都没有休息，一直刻苦努力地学习，原来喜欢的体育活动现在也没时间参与了，应付了一次又一次的考试。最近一个月来，他突然觉得大脑昏昏沉沉的，记不住学过的知识，理解力下降，对学习失去了兴趣，还出现了内分泌紊乱，不得不在家休息。这就是由于过重的学习负担造成的神经衰弱。

其次，过度的高考压力和枯燥的学习任务造成学生精神抑郁。有一位在重点中学住校上高三的学生，在电话里对妈妈大哭起来，但是他又不愿意回家和父母在一起。心理医生问家长："是不是给孩子的压力太大了？"孩子的妈妈说："我们没有给他什么压力呀？"可孩子对心理医生说："妈妈每次打电话来都要问最近考试成绩如何，这给我带来很大的压力，就是考得好我也不想告诉他们，他们比我还要紧张，我简直受不了了！"有一位重点中学上高三的学生说，他们老师每天都要对同学们训话至少一堂课，反复强调高考的重要性，她经常做噩梦，梦见老师像魔鬼一样对他们叫喊，这个同学患上了抑郁症，而她的另一个同学正在上课时突然狂奔出去，得了精神分裂症。每年的春季是抑郁症的高发期，前来求助的抑郁症患者明显增加，而且以高三学生居多，其典型的症状是失眠、食欲不振、疲乏无力、兴趣下降、压抑、焦虑、烦躁、厌学、厌世等。

第三，紧张刺激和不良性格造成神经官能症。比如，考试恐怖症，表现为平时考试还可以，一到大考就"砸锅"，紧张、出汗、手抖、头晕、大脑一片空白。又如，强迫性思维，表现为钻牛角尖、控制不住地思维和发问。有的同学会问："为什么地球会把我吸引过去，而不是我把地球吸引过来？""为什么这座楼是18层而不是17层？"还有强迫性检查，表现为老担心题没有看清楚，要反复看多次，结果卷子都做不完，成绩不及格；做下一道题时老想上一道题，反复检查。还有如焦虑症，表现为总是忧心忡忡，担心考不好怎么办，别人会怎样看自己，自己会不会精神崩溃，等等。一般性格内向、敏感、多疑、固执、急躁、自卑、犹豫不决、完美主义的人容易患神经官能症。

高三学生应该怎样调整自己的心理状态呢？首先要做到劳逸结合，科学用脑。一个成年人的注意力一次最多只能集中50分钟，所以，不要让自己连续学习几个小时，最后只能是注意力涣散，学习效率下降。学生应该学习45分钟，休息15分钟。而看电视、听音乐、聊天都不能让大脑得到休息，依然在思考，只有在睡眠、劳动和体育锻炼时大脑才能得到放松。所以，很多家长为了让孩子好好学习而不让孩子做任何家务劳动，孩子也没有时间进行体育锻炼，这是对孩子的大脑功能正常运转不利的。当人在运动时大脑中的氧气最充分，协调性的运动训练还可以提高注意力，动手操作能力的训练可以提高抽象思维能力。高三学生每天应该保证累计运动时间45分钟，起床后、课间、睡前都可以运动。当发现自己有以上心理问题和症状时要及时找心理医生协助调整，有抑郁症状的还要服用抗抑郁的药物。不要把找心理医生看作是见不得人的事，或是以为有精神病才找心理医生，应当越早调整越好。

没有时间找心理医生咨询的广大考生读了这本书，可以了解许多心理规律、知识和行之有效的方法。

中高考学生面临考试，家长应有哪些心理准备

考试不仅是对学生所学知识的检验，也是对学生乃至家长

心理的考验。家长往往关心孩子的应考心理，殊不知家长的心理状态会直接影响孩子的情绪。家长认为，生活上无微不至地照顾和包办，心理上不给孩子压力，哄着劝着，什么都依着孩子，总可以了吧！可效果却并不好，孩子还是会出现这样那样的问题，这该怎么办呢？家有考生，家长真是如履薄冰。家长应该了解，现在不只是"一颗红心两种准备"的年代了，更重要的是应该培养孩子哪些心理素质，以应付要面对的困难、挫折和挑战。

首先，自信心是战胜困难的法宝，但家长不知道如何保护、培养孩子的自信心。

许多孩子对考试感到紧张，压力大，其实家长并没有逼他们考高分，关键一点还是自信心不足。如果你问他为什么紧张，孩子说："我怕考不好？我也复习了，但我怕考试时，一紧张就忘了。""我怕考不好，同学们会看不起我。""我爸妈对我太好了，我考不好怕对不起他们。""爸妈老唠叨，我心里特烦。"孩子中有太多的顾虑，怎能轻装上阵？家长也希望孩子信心百倍，但信心不是药水可以随时灌注。自信心是对自我能力的信任和肯定，就是相信自己能干好某件事！孩子要有机会去做一些自己想做的事，通过自己的努力，克服种种困难，最后成功了，哪怕是一件小事，孩子就会逐渐认识、了解、承认自己的能力。在这个过程中，还需要家长信任、肯定并鼓励孩子，孩子才会相信自己的能力，强化自己的行为，并愿意不断努力。可是，许多家长很少让孩子独立思考和行动，不让孩子做家务和应付外界事物，老担心孩子这也做不好，那也做不好。孩子一问问题，家长就给他现成答案；孩子一遇到困难，家长就帮助解决。同时，有的家长还经常挑剔孩子，很少表扬和鼓励孩子，对孩子说得多，让孩子做得少，对孩子操心多，放心少。这样孩子肯定对自己也产生怀疑了，家长怎么能培养出孩子的自信心呢？

其次，家长要懂得帮助孩子克服紧张情绪的科学方法，而不是照顾越多越好。

怎样才能让孩子有最好的情绪状态？家长是费尽心机。有的家长想让孩子早晨多休息一会儿，就尽量晚一点叫醒孩子，给孩子做好早饭，盛在碗里，打好洗脸水，挤好牙膏；给孩子准备好衣、袜、鞋，然后才叫醒他。孩子迷迷瞪瞪地起床，一看时间晚了，就特别不满，甚至无端发脾气。有的家长对孩子过分溺爱，对孩子百依百顺，孩子几乎没有受过什么挫折，当模拟考试成绩不理想，又受到老师的批评时，就特别怕考试，怕见人，再也不愿去学校。还有的孩子在临考前的早晨，在家大哭大闹，说肚子痛、恶心、浑身难受等，选择逃避考试。心理学家研究发现，让大脑休息的最好方法是睡觉或体力活动（运动、劳动）。清醒状态下，即使什么都没干，大脑也在工作。如果大脑总是处于紧张和疲劳状态，学习效果就很差。而面临考试的孩子，晚上睡得晚，早上起得早，睡眠不充足，白天又几乎没有任何体力活动，大脑怎么能得到有效的休息呢？正确的做法应该是，课间可以跳绳、慢跑10分钟；在家可以学习

50分钟，劳动10分钟，这样的学习效率要比连续学习几小时好得多。人在持续的心理紧张状态下，还会产生植物神经系统功能紊乱，出现心悸、出汗、头疼、腹痛、痛经等症状，甚至有的孩子会歇斯底里，出现这些不适，都需要尽早找心理医生对症治疗。

第三，家长不要把自己的紧张、焦虑情绪传染给孩子，考时像平时最好。

有的家长生怕孩子不好好复习，将来考不好，整天在孩子耳边唠叨，什么现在条件多好呀，我们为你付出多少心血呀，你要是考不好对得起谁呀？现在都什么时候了，你准备得充分了吗？把孩子搞得紧张不够，烦躁有余。有的家长正好相反，什么也不敢对孩子说，生怕哪句话刺伤孩子；做饭时特别注意增加营养，吃饭时盯着孩子的筷子，生怕孩子吃得少，营养不够，晚上还要准备夜宵；半夜要起来看孩子，怕着凉感冒；什么都不让孩子做，怕浪费孩子的时间；等等。这些小心翼翼的做法，都会让孩子感到无形的压力，感觉到家长的焦虑心情。大多数家长都要对孩子强调："千万别紧张！一定要好好考！"其实，紧张的情绪是越强调越出现，越控制越严重。当紧张情绪出现时，要教会孩子顺其自然，"紧张去吧，我豁出去了"，同时做深呼吸，不要拼命克制，而是让紧张过去，镇静几分钟后，开始答题。如果不克制紧张，几分钟后它就会自然而然地过去，顶多出一身汗而已。

孩子面临考试，心理状态比较敏感、脆弱，家长要有一颗平常心，把"战"时当平时，用轻松、镇静的情绪去感染孩子。孩子情绪稳定，才能保证水平正常发挥。

每年全国各地许多中学邀请我为学生、家长和老师讲授心理健康课程，课后很多师生、家长纷纷来电或发邮件向我表达谢意，说我教授的方法解决了他们的烦恼。中高考心理调适法是我二十多年来通过大量研究和实践总结出来的方法。在这本书的出版酝酿中，我考虑到一些学生喜欢看漫画的兴趣，邀请王陆陆女士创作了诙谐幽默的漫画，以这种图文并茂的方式，让中高考学生在压力之中轻松一下。学生如果真的能尝试书中的方法，放下压力，成绩会有明显提高。家长要真正从改变自身做起，正确积极地引导孩子，才能培养孩子具有良好的心理素质，以应对今后的各种挑战。这也是我设立学生篇和家长篇两个版块的用意所在。

在这里，我借用成龙电影《A计划》作为这本书的书名——《应考A计划》，一方面烘托一下众多家长都有"望子成龙"、"望女成凤"的心情；另一方面，衷心祝愿广大考生能够怀着龙马精神，一飞冲天，考出自己真正的实力。同时，也希望自己有更多的"A计划"书籍出炉，奉献给广大读者。

最后，我想说的是，专注、正向、积极心态，无敌！

杨　霞

2016年5月5日于北京

目 录

楔 子 / 1

学生篇

第一部分　战胜自我 / 5

一、焦 虑 / 6

二、抑 郁 / 11

三、烦躁，学不进去 / 16

四、恐慌，害怕考试 / 21

五、学习努力，成绩却下降 / 26

六、陷入恋爱，难以自拔 / 32

七、失眠、头重感 / 37

八、强迫 / 42

九、上课、考试、写作业时犯困 / 47

十、马虎、粗心大意 / 52

第二部分　调整自我 / 57

第三部分　放松自我 / 63

家长篇

第一部分 帮助孩子中高考，从我做起 / 69

　　一、家长忍不住　　　　　　　　　　　/ 70

　　二、家长管得太多　　　　　　　　　　/ 75

　　三、孩子不争气　　　　　　　　　　　/ 80

　　四、家长情绪　　　　　　　　　　　　/ 85

　　五、家长唠叨　　　　　　　　　　　　/ 90

　　六、家长担心孩子早恋　　　　　　　　/ 95

　　七、家长溺爱　　　　　　　　　　　　/ 99

　　八、家长导致孩子自卑　　　　　　　　/ 104

　　九、家长强势　　　　　　　　　　　　/ 108

　　十、家长吵架　　　　　　　　　　　　/ 112

第二部分 家长一分钟自我调整 / 117

尾　声　　　　　　　　　　　　　　　　　/ 121

楔子

这是独一无二的双青花瓷，要好好珍惜！

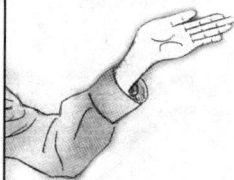

这是独一无二的双山水画，要好好珍惜！

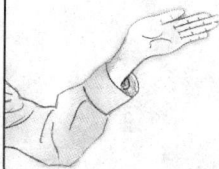

这是我们独一无二的地球，一定要好好珍惜！

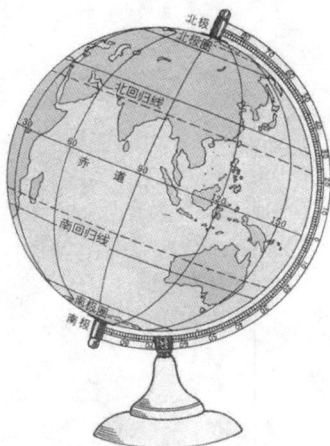

这是地球上独一无二的你，一定要好好珍惜！

学生篇

第一部分　战胜自我

　　阻碍我们成功的最大敌人其实是我们自己，我们自己身上存在着要强、怕输、想赢、怕烦、怕累、退缩、懒惰、紧张、怀疑等许多问题，很多人以为这都是不可逾越的，自身无法克服的。其实，心理学是研究人的行为及其规律的科学，我们要是了解了自己心理的规律，掌握了控制自己行为的方法，那么，许多心理问题都会迎刃而解。只有战胜了自我，才有可能取得成功。

　　我们首先要了解我们都有哪些心理问题以及其中的规律。

一、焦虑

我怕考试、怕看书、怕看到老师同学……

我甚至害怕睡觉，因为总是做噩梦……

天哪大夫，我们到底该怎么办？

面临中考、高考时，许多学生都会有不同程度的焦虑情绪……

你越在手烦恼，你会越烦恼，不妨把烦恼先放在一边，豁出去了，结果烦恼没了！

◎ 焦虑是一种情绪反应，在面临中高考时，许多学生都会有不同程度的焦虑情绪。想考好，又怕考不好；想集中注意力好好学，又控制不住地胡思乱想；希望看书的时候不受干扰，又忍不住地担心身边的人或事影响自己；想把不愉快的事情忘掉，可是又怕它们突然出现，挥之不去；想抓紧时间看书，可又怕自己已经来不及了……这些心理上的冲突和挫折，让人感到特别痛苦，烦躁不安。有的时候，事情还没有发生，自己已经开始提前焦虑、担心、害怕，不能自制。同时，还会出现心慌、心悸、胸闷、出汗、头晕、头胀、恶心、呕吐、四肢发麻、发抖、腹泻、腹痛、失眠多梦、易惊醒等植物神经系统紊乱的症状。学生不希望这种难受的感觉再来折磨自己，但是越害怕，这些症状就会越频繁地出现，而且焦虑的内容还越来越多。

A学习成绩一直不错，最近考试成绩下滑，从此，怕考试失败，一到要考试就恶心、呕吐。为此，每天早上不敢吃早饭，这成了他心理上的沉重负担，先是怕考试，现在是怕恶心呕吐，每天都感到非常紧张，惶恐不安，上课、看书也不能安心。

B是个特别认真的高三学生，以前看书是过目不忘，学习效率很高。但是，现在学习压力大了，他对自己越来越没有信心，他老担心看书时少看了什么重要内容，要反复看好多遍，他担心重要内容被忽略了，他总是忧心忡忡的。

◎ **造成焦虑的原因：**

1. 遗传了高敏感的神经类型，敏感、易受外界干扰。

2. 性格内向、敏感、多疑、胆小、紧张、完美主义、自卑、虚荣、犹豫不决、固执、急躁、好强。

3. 从小受到过多的呵护和溺爱，尤其是老人带孩子，对孩子提醒多，挑剔、不放心，遇事包办代替。顺利而单纯，没经受过挫折和磨炼。

◎ **核心症状：**

怕失败、怕痛苦、怕死。

◎ **最害怕的事情：**

控制不住自己。

◎ **错误的做法：**

拼命控制自己，特别希望排除焦虑。

◎ **心理处方：**

1. 了解原因，掌握规律。焦虑情绪只是一种心理上的过敏反应，发作到顶点时就是出汗或大哭一场，不会疯掉，也不会崩溃，不要管他，5 分钟就过去了。这是规律。

2. 顺其自然，为所当为。焦虑反应出现时，越克制越严重，越想逃避，越会频繁出现，所以，不要克制情绪和思维，不要拼命控制自己的担心和害怕；相反，让他担心去吧，结果担心很快就过去了。同时要为所当为，该做什么就强迫自己做什么，几次以后，自己的信心就增强了。

3. 放松大脑，缓解心情。每天下午或晚上锻炼一小时。游泳、打羽毛球、打篮球、跳绳、爬山等，因为协调性运动能让大脑休息和放松，而看电视、听音乐、玩游戏等，大脑依然在紧张地工作，效果正相反。

4. 把注意力指向外界。不要老关注自己的感受，不要不允许自己痛苦。

5. 不要为自己的紧张而紧张。出汗、头晕、恶心等症状都不影响智力活动，只是让人不舒服。这些症状是紧张的结果，而不是病。当我们让它紧张的时候，对症状不在乎的时候，心理就是放松的，新的紧张就不会出现了。

我们的智力从来都没有改变，是烦恼的情绪影响了智力的发挥，而烦恼从来都是自我的。改变心情先从自己做起。

二、柳郁

上天没有赐给我聪明绝顶
的头脑……

9

上天没有赐给我考100分
的能力……

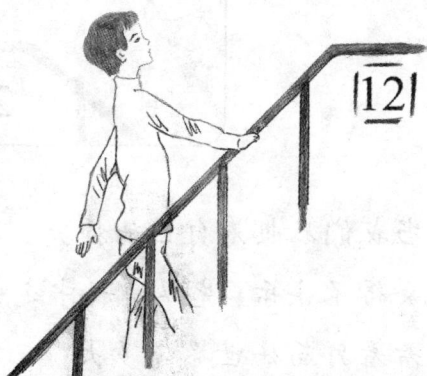

12

上天没有赐给我成功的机会……

18

把大目标细分为小目标，每努力
实现一个就奖励自己一下！

23

当我们只想着自己的损失、付出、痛苦、缺点时，我们就会很不快乐，先从自我中走出来，跟不如自己的人相比，看看外面的世界有多大！

◎ 抑郁是高三学生常见的情绪障碍，被喻为心理上的感冒，表现为：在遭遇失败和挫折后，逐渐情绪低落，觉得自己不行了，不想学习，不愿意去学校；对什么都不感兴趣，提不起精神；自责、内疚，委屈爱哭，乏力，烦躁；爱发脾气，悲观绝望，失眠或嗜睡，食欲下降，体重下降，便秘；不愿参加社交活动，思维迟钝，反应缓慢，注意力不能集中，厌世并有自杀念头，有的人还会自残。

C是一名高三女生，性格内向、敏感、胆小、老实，以前学习成绩一直不错，还是班干部。可是最近一次考试成绩下降，老师在班上不点名地批评了一些学习退步的学生，她觉得特别紧张，认为老师已经对自己有了不满。正好老师又给她调换了座位，她觉得周围同学也开始瞧不起她了，她下课不敢跟同学说话，自己胡思乱想，忧心忡忡，回家经常哭泣，茶饭不思，日渐消瘦，晚上不愿意睡觉，磨蹭到半夜，早上不愿意起来。现在C已经不愿意上学，害怕见到同学和老师，觉得乏味，总问自己："人为什么活着，为什么学习？"

D是一名高三的男生，以前很喜欢打篮球和踢足球，性格比较内向。最近老师发现他跟一个女生经常在一起说话，而且最近几次考试成绩下滑明显，妈妈狠狠地骂了他一通，不许他下课再打球了，而且不准他和那个女生交往，甚至连看都不能看她一眼。他也很想学习，但是上课总是胡思乱想，学不进去，他很沮丧，没精打采，回家后爱发脾气。有一天，他用小刀割自己的手腕。现在他还是觉得浑浑噩噩，对什么都没兴趣。

◎ **造成抑郁的原因：**

1. 遗传因素，家族中有人有抑郁的情绪问题。

2. 性格内向、敏感、悲观消极、自卑自责、胆小紧张。

3. 受挫折后，情绪处于抑制状态，大脑中的快乐元素 5- 羟色胺分泌减少，造成全身性的活动能力降低，没有欲望和快乐的感觉。

4. 学习生活单调乏味，缺乏运动和劳动，缺乏丰富的色彩。

5. 学习过于用功，先造成神经衰弱，然后产生抑郁情绪。

6. 对未来没有理想和信念，缺乏驱动力。

◎ **核心症状：**

情绪低落、绝望、放弃学习、轻生。

◎ **最害怕的事情：**

失败、别人对自己的看法。

◎ **错误的做法：**

愈懒愈不做，愈不做愈没有兴趣。

◎ **心理处方：**

1. 找心理医生咨询，把自己压抑在内心的苦闷说出来。

2. 服用抗抑郁的药物，给大脑直接补充快乐元素，效果最快。

3. 每天运动或劳动 1～2 小时，因为运动和劳动会刺激大脑分泌快乐元素。

4. 坚持学习，不要放弃，边学边治。

5. 拿出一张纸写出自己的优点，看自己有哪些优势，去很好地发挥它们。

6. 强迫自己与同学、朋友交往，获得心理支持。

放下烦恼，但不要放弃生命，两边看看，可走的路多得是！

三、烦躁，学不进去

看见爸妈更烦!

与其烦躁,不如停下来,跑跑步、游游泳、踢踢球……会更有效率哒!

把学过的知识放好,把没用的情绪排出去,大脑就空了,再装新知识。

◎ 人的大脑像海绵一样，装满了不清空就再也装不进去了！有的同学不停地学习，以为学习时间越长越好，但是，如此学习一段时间以后，就会出现满负荷状态。当再也学不进去的时候，人就会烦躁不安，易怒，看什么都不顺眼，对自己对别人都感到讨厌，以前挺爱学习，但现在一看见书就烦，一拿起笔就难受，有的同学还会无故大哭一场。

G是一个听话好学的学生，抓紧每一分钟学习，即使是下课也在刻苦地看书或做题。他们的校长曾经是从边远农村走出来的苦孩子，因为刻苦学习才成功，他要求毕业生把所有的时间都用来迎考，甚至取消了体育活动，下课的时候操场也是静悄悄的，经常开会强调高考对人生的重要性。家长也积极配合，不让孩子做任何事，连饭都给孩子盛好，让孩子专心学习，还经常比较孩子与其他同学的学习成绩。G感到又着急又烦闷，上课坐不住，越着急越看不进去，做题时静不下心来，自己也恨自己，有时会摔东西，大哭大闹，甚至不愿意再上学了，想自己在家学习。最近还出现上课时头部来回摇晃震颤的现象，不能控制。

H是一名学习委员，学习成绩一直不错，但是最近特别爱急躁、爱哭，一次老师说了她一句："别骄傲！"她就特别委屈，在学校就哭了，老师很奇怪；回家也老不高兴，问多了就烦，不爱做题，不想看书，说看不下去，老看电视，一看就是一晚上，然后就后悔，埋怨别人，埋怨自己，家长也着急得没有办法。

◎ **造成烦躁、学不进去的原因：**

1. 学习生活单调乏味。

2. 缺乏锻炼和娱乐活动。

3. 老师家长过分强调，引起逆反情绪。

4. 缺乏吃苦精神，没有耐力，遇到挫折困难就烦。

5. 情绪发展幼稚，不顺心时就发脾气、哭闹，像小孩子一样。

◎ **核心症状：**

不想看书、也不想做题，心里乱糟糟的、想发脾气、想哭、看见别人管自己就烦。

◎ **最害怕的事情：**

看书、做题。

◎ **错误的做法：**

在看不进去书的时候，以为看电视、玩电脑、看闲书、听音乐可以让大脑休息一下。心里烦的时候，以为什么也不做最好，或者跟家长嚷嚷。

◎ **心理处方：**

1. 把学习任务暂时放下，去锻炼或劳动，如跳绳、拍球、打羽毛球、篮球、游泳、爬山、干家务活等。时间可长可短，干到自己想学习了为止。有的已经好长时间学习不下去了，烦躁状况很严重，可以连干三天家务活＋体育锻炼，不做任何题。虽然肌肉劳累，但是可以把大脑彻底清理一下，休息一下，而且运动会使人心情愉快。

2. 平时注意经常进行定期的爬山、游泳、拖地等活动，磨炼自己的毅力。

3. 每天把要做的事情一条一条写下来，做完一件划掉一件，最后奖励自己做一件快乐的事，比如出去打球或散步，或做一顿美味佳肴。

4. 每天除了学习以外，体育活动和其他娱乐活动丰富一些，不要没变化地生活。比如，下课后和同学一起玩集体跳绳，互相出题，进行考试竞赛、有奖竞答，每月骑车或徒步拉练一次。

5. 把情绪和行动分开，可以很生气，但是什么也不破坏，先做体力活动再回来学习。

想学习是我们的本来欲望，学不进去的时候暂时停下来，会让大脑休息才更有效率！

四、恐慌，害怕考试

我总是大脑一片空白，不知所措……

你有紧张综合症！

我考试时总是死活想不起答案，但一交卷就想起来了……

你有考试综合症！

困难像弹簧，你弱它就强！

◎ 想到考试、面临考试或在考试开始后，有些学生就特别紧张，出现心慌、发抖、手心出汗、大脑发木、恶心、腹泻、尿频、大脑一片空白、不知所措、想控制都控制不了的症状。有的学生听到别人翻纸、老师走到身边、遇到一道难题等情况都非常紧张，考试前睡不着觉。紧张使学生不能把平时的优势发挥出来，考试成绩很不理想。这些问题使得学生很害怕考试。

G是个重点中学的学生，平时学习成绩很好，但就是临场发挥欠佳，一到大考前夕，就紧张得睡不着觉，不得已吃"安定"入睡，第二天头晕乎乎的，考试结果可想而知。为此，他非常苦恼，想尽方法来克制恐惧和紧张，但是事与愿违。

F是个特别聪明、认真的学生，以前一直是班上的尖子生，高二分班以后，班上高手如云，他排名中等。虽然他特别努力，一心想考好成绩，考试的时候特别怕考砸了，但是，越是害怕，越是注意力不在考题上，每次都有一些题死活想不起来，但一交卷就想起来了。

◎ 恐惧考试的原因：

1. 家长和老师给学生的压力太大，期望值太高。

2. 害怕考试的学生，有的是平时努力不够，做题量不够，但对考试成绩期望值过高，又害怕失败，形成内心冲突，平时太放松，考试特紧张。

3. 有的是平时也很勤奋，但是缺乏自信心，怕万一考不好怎么办，焦虑万分。

4. 有的是考试方法不正确，害怕的情绪越控制会越严重。

5. 害怕失败，患得患失，怕这怕那。

6. 对考试紧张产生的生理反应又感到很紧张，恶性循环。

◎ 核心症状：

1. 对考试成绩过于重视，对实际行动却是忽略的，眼高手低。

2. 紧张和害怕的情绪是越紧张、越克制，结果越严重。

3. 平时状态放松，考试时手忙脚乱，大脑一片混乱。

4. 只学习不锻炼，也不玩，大脑没有放松的机会。

◎ 最害怕的事情：

大脑一片空白、考试失败。

◎ 错误的做法：

拼命控制，害怕自己害怕的。

◎ **心理处方：**

1. 平时做题量要足够，见过的题型越多，越不害怕。

2. 晚上做完题后，先锻炼或劳动，如打羽毛球、拖地板，然后洗澡睡觉。睡觉的时候不要控制自己的想法，不要说别想了赶快睡吧，也不要数数。因为越是提醒自己，越会把自己唤醒，身体疲劳了，就不想那么多了，就入睡了。

3. 紧张的时候不要控制紧张情绪，对自己说："豁出去了，紧张去吧！"结果5分钟之内紧张情绪就过去了。要控制自己的行为，为所当为。

4. 加强定期的体育锻炼。

紧张是自己长腿的，你不要关门，它自己就走啦！

五、学习努力，成绩却下降

我们的大脑像海绵一样，吸饱了水，就再也装不进去了。

不如通过运动和劳动把大脑清空，好腾出地方来思考！

成功就是比失败多一次，在失败的时候要坚持。

◎ 有些学生在进入高三以后，发现自己学习比以前还努力，下了很大的功夫，以前喜欢的体育活动都不参加了，每天学习时间延长了，到很晚才睡觉，目标很明确，行动也很勤奋，但是，考试成绩却下降了。为什么？这对自己的情绪打击很大，自己该怎么去学习呢？

女生E以前最喜欢数学，特别喜欢钻研数学难题，经常在比赛中获奖，她还喜欢体育，高二以前学习都是很轻松的，学和玩都没耽误，成绩也很好。但是，上高三以后，她为了争取更好的成绩，体育活动也停了，下课都不出去玩了，只是画自己喜欢的漫画或回家看动画片来放松一会儿，晚上每天都学习到12点以后。可是，她最近的考试成绩，尤其是数学成绩下降不少，她不明白是为什么？越着急越赶不上。

F是个很聪明的学生，很想考上重点大学。他喜欢看书，不喜欢做题，认为那是书呆子做的事，看明白就可以了嘛！以前成绩不是最好，也还不错，但是，临近高考了，学习成绩每况愈下，他特别苦闷，看书的时候注意力也不能集中，现在都学不下去了。一想到不能考上理想的大学，就更加着急和郁闷了。

◎ 学习成绩下降的原因：

1. 学习能力障碍　心理学家研究发现，有 10%～30% 的学生由于早期训练不足，造成学习能力障碍，如注意力不集中、拖拉、粗心大意，如果没有得到及时的强化训练，问题会逐渐加重，应该在心理专家的指导下，多加强平衡能力、动作协调能力、视觉能力、动手能力等方面的训练。

2. 情绪不稳定　学习成绩很容易受到情绪的影响，家庭环境、人际关系、敏感的性格因素等都会影响孩子的学习，学习压力越大，孩子的情绪问题越容易出现，要及时帮助孩子调整，不要再给孩子施加压力。

3. 学习习惯和方法　有的同学喜欢边写作业边听音乐，这样容易造成上课和考试时，大脑细胞兴奋不起来而粗心大意，简单的题也做错。有的同学喜欢突击复习，夜晚学习更精神，结果次日白天没有精神。有的同学课后特别喜欢看电视、玩电脑，时间长了会产生神经衰弱、视觉振动，造成注意力集中不起来，粗心大意。有的同学喜欢长时间看书，然而做题的时间就显得不够，其实做题就是巩固书本上的知识，多动手做题更容易记住。

4. 生理因素的影响　有些孩子不注意劳逸结合，长时间连续学习，结果造成大脑缺氧，学习能力下降。有些孩子为了节约时间，从不做任何家务，也很少参加体育活动，动手能力和运动协调性方面的障碍会严重影响注意力、大脑反应能力、自信心，以及抽象思维能力的发展。

◎ 核心症状:

学习努力但不得法,动手做题不够,对基础知识不够重视,粗心大意,动手能力训练不足,神经衰弱。

◎ 最害怕的事情:

自己这么努力,成绩还反而下降,对自己缺乏信心了。

◎ 错误的做法:

写作业时听音乐;只做难题,忽略了基础题;看书太多,做题太少;光学习,不运动,学习效率降低;睡眠时间不足,造成神经衰弱;重视目标,却忽略了行动。

◎ 心理处方:

1. 面对成绩下降不要着急,因为越着急越学不好,对于学习来说,行动是最重要的,不要让每个情绪来干扰自己。

2. 分析一下,看学习成绩下降是什么原因,是不会做,还是粗心大意,还是紧张,然后对症下药。

3. 降低心理预期目标,不要去想能考上什么大学,重视自己每一天的具体行动。

4. 制订一个切实可行的行动计划,每月、每周、每天、每小时都做什么,计划里要有体育活动的时间,每学习 45 ~ 50 分钟,要运动或劳动 10 ~ 15 分钟。因为人的注意力一次最多可以集中 50 分钟,如果非要连续学习几个小时以上,就会出现神经衰弱,反而影响学习效率。

5．平时做题时要模拟考试状态，不要听音乐、看电视，要按时间完成，如果平时紧张惯了，考试时就不紧张了。

6．多做题，少看书。最好在老师讲课时就同时把书看了，把重点画出并记下了，下课后就不再看书了，只通过做题来巩固。

7．重视基础知识，该死记硬背的要去做，争取对基础题要一分不丢。因为考试的题里有 60% 是基础题，20% 是较难的题，20% 是很难的题。如果只做难题，简单的题错误百出，成绩上不去。如果简单的题全对，得 60 分，较难的题能全对或得 15 分，很难的题只得 5 分，就能平均每门取得 80～85 分，这样就可以保证比较高的总成绩了。因为各地考试分值设置不同，此处按满分 100 分举例。

8．上次考试错过的地方要争取下次不再做错。

9．做题的时候要善于归纳总结，不要死做。记忆的时候要把眼睛、嘴巴、耳朵、手全用上，记忆效果才好。

学习成绩下降时，沮丧是一点用都没有的，总结经验，分析问题，才能解决问题。

六、陷入恋爱，难以自拔

两个人一起学习，有伴有动力。

我们的关系，已经不仅限于学习……

学习是为了解决将来的生存问题，和感情相比，这是首先要解决的。

◎ 人在做一件事情的时候会同时具有思维、情绪、行为，比方说，很想学习，这是思维；但是又很喜欢某个同学，和他（她）在一起就很愉快，这是情绪；聊天说笑或是做题，就是行为。怎样处理好恋爱和学习之间的关系，就是怎么处理好思维、情绪和行为这三者之间的关系。青春期，男女同学之间产生好感，愿意在一起说话、玩是正常的，确实很令人愉快，同时，所有的同学又都希望自己学习好，将来有好的前途。但是，有的同学陷入恋爱之后，忍不住要和他（她）聊天、说笑、写东西等，肯定会占用一些学习的时间，那学习自然会受到影响。但是，感情又是不可克制的，怎么办？

J 在高二的时候和同年级的一个女同学交往比较多，互相都有好感。半年以后，J 觉得对学习有影响，就和该女同学说了分手，一下子疏远了。现在在校园里还能常常见到她。最近他看到她和另外一个男同学很好，他知道和自己无关，不应该多想，但就是控制不住地想她的优点，忘不了她，学习不能集中精力，老走神。妈妈发现了，经常说他，他很烦躁。怎样才能摆脱她的影子呢？他无处诉说自己的苦闷。

H 以前在班上成绩名列前茅，还是班长，也许是学习压力大、乏味。偶然地，另一个班同样学习很好的一个女同学引起了他的注意，下课或放学时他会有意无意地看她，由好奇、欣赏到好感，到特别想了解她、接近她，而且显出一副很喜欢她的样子。他开始琢磨怎么能跟她说上话……最后的结果是那个女同学对他没什么感觉，只希望考上理想的大学，现在只是同学。他感到特别沮丧，无心学习，成绩一落千丈，老师、家长都很着急。

◎ **造成问题的原因：**

1. 青春期的学生情绪躁动不安，容易对异性感兴趣并产生好感，希望进一步接近他（她）。

2. 儿子缺乏母爱、女儿缺乏父爱的情况下，容易出现早恋，这里的爱主要是指精神上的关怀、欣赏、鼓励和支持。如果孩子从父母那里得到了充足的爱，像知心朋友一样，那么孩子是不会需要别的爱的。有时父亲非常严厉，母亲非常唠叨，不理解孩子，孩子就容易在同伴那里寻找温暖和支持。

3. 学习紧张、压力大的时候，生活简单而乏味，学生会本能地寻求快乐，许多同学都觉得和同伴聊天是件很愉快的事。

4. 情绪发展不成熟，喜欢一个人会很强烈、兴奋、激动不安，但是不知如何控制行为。

5. 逆反心理，从小就喜欢和家长、老师对着干，管得越多，反抗越严重。大人越不让做的事情，一定是最有趣的事情。

6. 虚荣心强，自信心不足，渴望得到异性同学的欣赏，以此来肯定自我价值。

◎ **核心症状：**

注意力不能集中在学习上，做题做不下去，老关注他（她），心里装了他（她）就装不了别的东西了，学习成绩下降很快。情绪不稳定，和他（她）在一起时很高兴，别人干涉时很激动、很烦，这个时候不想学习。

◎ **最害怕的事情：**

学习成绩下降，家长和老师不理解，他（她）不理我。

◎ 错误的做法：

跟着感觉走，为所欲为，追求眼前的快乐，不管以后的事情。

◎ 心理处方：

1. 接受自己的情绪发展需要，不谴责自己，知道这是正常的感情需要。但是不放纵自己的情感，不能喜欢什么就做什么。

2. 关注自己的行为。比方说，我们走在路上，看到一朵特别喜欢的花，心里特别想把它摘回家，但是，我们没有这么做，而是继续前进，一会儿想摘花的感觉就没有了，但是想起来可能还是挺喜欢那朵花的。时间越长越淡忘了。我们在不摘花的时候并没有拼命控制自己的思想和情绪，没有说"不摘啊，这是不对的"，等等，而是接受了喜欢的情绪，但是为所当为。所以，尽管我们会想一个人，会很难受，也会很兴奋，但是，我们的行动可以是做题而不是打电话聊天，情绪是一回事，行动是另外一回事，做到了就发现情绪管理能力在成长，学习也没受影响。

3. 明确自己将来的理想和方向，哪个是最重要的？我喜欢他（她），但是我拿什么来养活自己和他（她）？我要为我们的未来负什么样的责任？然后列出现在要做的事情，一步步实现自己的理想。

4. 当自己特别难过、无法学习的时候，做一些体育活动或家务劳动，既放松了心情，又把多余的情绪和精力宣泄出去了。

5. 找心理医生把心里的苦闷说出来。

先做一个对自己负责任的人，再做一个重感情的人！

七、失眠、头重感

别走来走去，我睡不着！

睡前锻炼放松，睡时对自己说：紧张去吧！
然后就自然睡着了。

睡觉是为了健康，健康是为了学习和工作，但学习和工作不是为了睡觉，所以，睡觉不是人生最重要的事，那就不要老把它背在身上。

◎ 有的同学在考试前一天和考试期间都会严重失眠。有的同学进入高三以来总感到压力大，睡不好觉。越到晚上越不困，躺在床上翻来覆去，胡思乱想，为白天已经发生过的事或明天还未发生的事思虑，提前焦虑。希望自己能赶快睡着，用了许多方法，结果越着急越睡不着。第二天昏昏沉沉的，头上像盖着个沉重的盖子，情绪也不高，很容易烦躁，注意力、记忆力都受到了影响。

K学习成绩很好，但是，性格内向、敏感、不自信、爱紧张，每次考试前必定睡不着觉，所以，考试成绩总是不如平时成绩好。睡眠成了他最头疼的事，只要睡觉不好，他的情绪就特别糟，因为按他的平时成绩，考上重点大学是没问题的。但是，一失眠分数就会差得很多，他为自己的紧张感到更加紧张。

M的失眠是从初二开始的，她是个胆小、敏感的学生，老师在班上说别的同学，她也特别紧张，总觉得老师是在说她呢！白天要是和哪个同学发生了矛盾，晚上就会想得很多，自然睡眠就很困难。快要高考了，她特别抓紧时间，但是坐在她后面的男生老爱说话，她怕影响自己的听课效果，心里烦极了又不敢说他们，晚上回家就为这件事烦恼，有时半夜醒来也想这件事，很难接着入睡。

◎ 造成失眠的原因：

1. 遗传了敏感的神经类型。

2. 性格内向、敏感、多疑、紧张、完美主义、对自己的身体过分关注。

3. 对睡眠过分在意，每次的在意都是在唤醒，越是放不下就越精神。

4. 运动量不足，身体肌肉不疲劳，不需要睡眠，大脑活动太多，过度兴奋，难以很快放松下来进入睡眠。但自己不明白这个规律。

5. 为失眠而失眠。

◎ 核心症状：

心里不能放下担心焦虑的事，思想紧张过度，难以入睡，或容易惊醒、早醒。为此特别痛苦，烦躁、头疼、注意力不集中、记忆力下降、学习效率降低。

◎ 最害怕的事情：

睡眠不足影响第二天的学习。

◎ 错误的做法：

把睡眠当作重要任务，放在首位，想尽办法让自己睡觉，为失眠而焦虑紧张得失眠。

◎ 心理处方：

1. 其实并不存在真的失眠，这是失眠恐怖症。睡眠像心跳、眨眼一样，是自然规律，无须人为控制，相反，越是试图去控制睡

眠，就越是容易失眠，因为任何一种控制都是唤醒，所以，越说"快睡吧，别想了"，就会越睡不着。控制会造成紧张，进而引起失眠，紧张对大脑就是一种唤醒。这样就会形成恶性循环。所以，要放下对失眠的控制，不要在意它。

2. 每天睡觉前做单调、乏味的运动或劳动，如游泳、跑步、跳绳、打球、拖地板、洗衣服等，让身体肌肉放松，思维停止，就容易入睡了。

3. 在睡觉的时候，不要催促自己赶紧睡，担心明天怎么办，不要用任何方法来控制睡觉，对自己说："想去吧，我今天不打算睡觉了！"因为情绪和思维都是不可人为控制的，要顺其自然，结果反而放松了，一会儿就自然地睡着了。

4. 如果前晚没有睡好，按时起来后，先锻炼，因为让大脑休息的最好方式，除了睡眠以外，就是劳动和锻炼，运动会让大脑充氧。然后洗个热水澡，吃早饭上学去。白天不要补觉，不要唉声叹气，抱怨昨晚没睡好，到晚上自然会补回来的。该干什么干什么，因为失去的那几个小时的睡眠，不影响智商，也不影响身体健康，只是影响情绪，情绪影响学习效果和感觉。

5. 不要把睡眠放在人生首位，不要老是盯着自己的睡眠时间，科学家最近研究发现：每天睡 4 个小时和睡 7 个小时对身体需要是一样的，只是会影响情绪而已，所以，不必要紧张。

6. 把注意力指向外界，多活动、多与别人交往，不要只关注自己的睡眠。

当我们不在乎什么时候能睡着的时候，睡意自然就来了！

八、强迫

不要为了让自己不痛苦而去做另一件令人痛苦的事情！有些痛苦是需要去面对的。

◎ 反复地去做一件没有必要做那么多次的事情，例如，反复洗手、检查、审题。反复去想没必要多想的事。例如，对一个简单的问题穷思竭虑，反复问："为什么这样？还有没有别的解决办法？"这就是强迫症，是很常见又很顽固的一种心理障碍。主观上感到有某种不可抗拒的、强迫无奈的观念、情绪、意向或行为的存在，他们能够意识到这些都是不应该出现或毫无意义的，但是又从内心涌现出强烈的焦虑和恐惧，非要采取某些行为来安慰自己。

M 从高二开始就出现这样的问题：不是正常地思考，而是不论多小的事，都要想个明白，穷追到底。一件事情已经做完了，还要不停地进一步思考下去。例如，经常想我过去有些学习方法不对，是怎么不对，应该及时纠正等。考试时，一道题已经解出来了，他还要继续思考。这样做特别浪费时间，考试题常常做不完。最严重的是最近一段时间，他晚上都没法入睡，老是在想，自己也觉得痛苦极了。现在快高考了，这个障碍已经严重影响了他的学习效率。

N 以前曾经因为看错题目而扣分，从此就对这个问题过分重视。经常在考试的时候做不完，其实都会做，但是，自己对已经看过的题目就不放心，要反复看几遍才行，别人都做了好几道题了，自己还在那里反复审题。为此自己也觉得没必要，但是不这么做心里很难受，心里就会说："再看一下！"看了几遍又后悔，控制不住。

◎ **造成强迫的原因：**

1. 与心理—社会因素有关，过度的疲劳、紧张、精神刺激等可以诱发患病。

2. 性格完美主义、敏感、固执、主观任性、急躁、好强、自制力差，或胆小怕事、优柔寡断、犹豫不决、谨小慎微、自卑、墨守成规、刻板等。

3. 从小受的教育比较严厉，家长对孩子的细小的事情说得比较多，使孩子比较注意反省自己，不允许自己的任何小的错误。

4. 对细小的问题考虑过多，过于理想，思考时偏离主线，信马由缰，尽想一些不必要想的事。

5. 当自己出现上述问题后，又不允许自己开小差，拼命要控制它。

6. 想得多，做得少，缺乏直接经验，对自己没有信心。

◎ **核心症状：**

如果不做会难受，做一遍不放心，再做一遍，控制不住。

◎ **最害怕的事情：**

怕出错、怕脏、怕没看清楚，等等。

◎ **错误的做法：**

不允许自己难受，对自己的难受进行安慰。

◎ **心理处方：**

1. 控制自己的行动，做应当做的事，例如考试时做题，答案出来后马上做下一道题，尽管脑子里想思考，不要谴责自己，也不要放纵思维，而要用你的行动来牵扯思维。当你做下一道题时，大脑自然而然地就会跟上来。

2．要多参加体育活动，多做事，尤其是当你闲坐时最容易遐想。人的大脑只有在睡眠、体力劳动或运动时才能得到休息，所以，你要学会让自己的大脑劳逸结合。

3．晚上入睡前一般都有 20 分钟的准备期，肯定会想问题，这是正常的，不要紧张和排斥。睡觉前做一些放松运动，接受自己的自然状态，你很快就会轻松起来。

4．给手上带一根橡皮筋，反复想的时候，弹一下自己，将思维拉回现实。

5．做题的时候按时间完成，每道题都计时间。

6．找心理医生帮助。

控制自己做该做的事，别放任自己为所欲为！

九、上课、考试、写作业时犯困

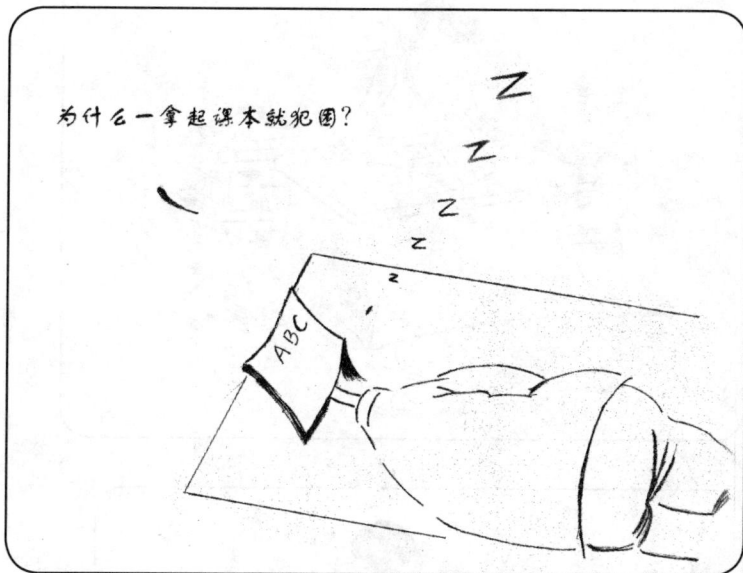

为什么一拿起课本就犯困？

为什么还不下课？

为什么一写作业就昏昏欲睡……

运动一小时，让大脑得到休息才能更有效地工作。大脑每工作五十分钟要休息十分钟。放学后要

人犯困的时候并不是真的需要睡觉。

◎ 看电视、玩电脑时注意力特别集中，但是，上课、写作业，甚至考试的时候却犯困，昏昏欲睡，脑子发木。

S上高三了，自己也知道学习很重要，心里也很着急，但是，他在上课时，甚至考试时会紧张不起来，别人都在奋笔疾书，而自己竟会呼呼大睡！一开始妈妈还以为他脑子里长了肿瘤，经检查一切正常。但是他平时写作业时总要一边听音乐，一边写作业，他觉得这样才效率高，但考试时他的大脑就兴奋不起来了，平时会做的题也想不起来了，脑子好像缺少润滑油似的。

T最喜欢玩电脑、上网聊天，这是他最兴奋的事；玩多长时间都不觉得累。但是写作业太枯燥乏味了，一看见作业他就犯困。他也知道要考大学，但是自己紧张不起来，管不住自己。

◎ 造成上课、考试、写作业时犯困的原因：

1. 时间安排不当，睡眠不足。

2. 缺乏体育锻炼，大脑缺氧，也会犯困。

3. 看电视、玩电脑让眼睛疲劳。眼睛看闪动的画面容易引起注意，看不动的画面容易乏味，无法集中注意力。缺乏对眼睛盯住乏味目标的能力的训练。

4. 听音乐让大脑兴奋，但是上课、考试时没有音乐，大脑的某些细胞就睡着了。

5. 平时写作业处于放松状态，考试一紧张，大脑就发木，紧张到极点，也会让大脑停止工作。

6. 缺乏毅力，对枯燥乏味的事情不愿意忍耐和坚持。

◎ 核心症状：

紧张不起来，犯困，浑身懒洋洋的。

◎ 最害怕的事情：

写作业、考试、上课。

◎ 错误的做法：

为提精神，写作业时听音乐。犯困时就睡一会儿。为抓紧时间，不出去做任何运动，一直坐在那里学习，但是没效率。不会合理安排时间，高兴时特别勤奋，疲劳时什么都不想干。

◎ 心理处方：

1. 保证每天至少 7 小时睡眠，学习在于效率，而不是时间越长越好。

2. 写作业或做卷子时定时间，45分钟一段，因为一个成年人的注意力最多50分钟。不要吃东西、上厕所、说话、看电视、听音乐、摸别的东西。给自己提要求，要完成多少任务，把时间分配到各个题，例如一道难题不超过15分钟，一道简单的题不要超过5分钟，等等。做题要形成紧张感、节奏感。

3. 要让动作快起来，写字、思考问题都快起来。要检查一下自己的运动能力和协调性怎么样，体育差、不爱运动、手脚笨拙、协调性差的孩子写作业拖拉，动作慢，所以要训练自己的运动协调性，像游泳、跳绳、打球等活动。不要因为时间紧就不做任何运动，磨刀不误砍柴功，动作练快了，效率也高了。

4. 大脑精神的时候做题，犯困的时候锻炼。运动或家务劳动是让大脑放松的最好方式，要学会科学用脑，学45分钟，锻炼或劳动15分钟。

5. 不要看电视、听音乐，因为看电视、听音乐时大脑仍然在思考。

6. 根据自己的弱项，给自己加码，只有比别人多下功夫，才能超过别人。

7. 先做不喜欢的科目的题，再做自己喜欢的科目的题。

8. 不能只是死做题、做死题，要学会思考、总结、归纳、举一反三。平时书上的作业题都比较直观简单，考试时的题目总要拐几个弯，平时不注意多做题、总结规律，考试时就容易抓瞎。

如果平时让大脑休息好，上课时脑子就可以正常工作了！

十、马虎、粗心大意

糟了！我又把小数点看错了……

我把加号看成减号了……

我在草稿纸上都演算对了，
抄数却抄错了！

打打羽毛球，练手眼协调性，粗心大意就没了！

当我们把某件事情放在心里的时候，我们就很认真。

◎ 粗心大意往往发生在考试当中，因为紧张会使人注意力下降，容易忽视很熟悉和很简单的内容，所以，发生的错误都是不应该的，特别可惜！粗心大意还容易发生在基础知识方面，这部分内容在考试中所占比例比较大，但却得不到足够的重视。不重视造成不认真，不认真造成粗心。粗心的问题解决好了，成绩还可以上去一大块。

W是个挺聪明的高三学生，可就是粗心大意特别严重，明明是加号愣给看成减号，在草稿纸上演算对了，抄数却抄错了。写字时多一点少一点的，常常写错，难题都能做对，可是错的都是不该错的地方，所以他总得不了满分，每次考完他都自我感觉良好，但是成绩一下来他自己也很懊悔。

Y最不喜欢按照老师规定的死方法去做题，也不喜欢多做题，结果一眼就看出来了，干吗还要写一遍呢？看着容易，结果到考试的时候，简单的题他老错，因为平时做得少，所以考试的时候容易心里打鼓、似是而非，一蒙就做错了。

◎ 造成粗心大意的原因：

1. 手眼不协调。正常的行为是眼睛看到的和手上做的应该是一致的，但是这个能力不是天生就具备的，而是要经过后天的训练产生的。如果学生没有足够的探索机会，他们的能力就是畏缩不前、发育不足的，例如体育成绩差的同学，在手眼协调性上就较差。

2. 看电视、玩游戏机加剧了视觉振动现象，就会出现跳字、看不见某个数字的现象，造成粗心大意。

3. 对基础知识训练不足。

4. 大脑疲劳。

◎ 核心症状：

将很容易的题做错，看不见明显的符号或提示。

◎ 最害怕的事情：

因为粗心而丢分。

◎ 错误的做法：

看题而不是做题。基础题做得不够。迷恋电视、电脑。

◎ 心理处方：

1. 不要看电视、玩电脑。学生视觉能力发展不足的话，眼球会有振动现象，看东西是不稳定的，不能平滑地转动眼球，也不能很好地盯住一个目标。所以，训练学生抛接球、打羽毛球，他必须用眼睛盯住球，逐渐地他的视觉振动现象就会消失。

2．家长的包办代替，让孩子形成依赖感，什么事情都希望家长给想着，自己什么心也不操，结果到自己解决问题时就会丢三落四、粗心大意。

3．平时多练基础题，尽管简单也要做一遍，甚至多遍。

4．检查考卷，凡是上次做错的地方，要分析总结一下，多做这方面的题，把学过的知识巩固好。常错的地方再做时，脑子里要咯噔一下，多给些注意力，要保证下一次不要再错。

尽管粗心大意已经成了我们的坏毛病，但我们依然可以培养认真的好习惯！

第二部分　调整自我

高三的同学告诉我，要说心理问题，几乎所有的同学在高考前都会有，压力大，问题多多，家长也不能帮助我们，确实难熬！

要改变困难的现状，我们也许不能改变环境，也不能改变别人，我们能改变的只有自己，先从自己做起，哪怕调整一个微小的行为习惯，结果就会改变。这里我们给大家介绍一些常见的心理问题解决方法。

问：最近我对自己的弱项复习得比较多，强项没怎么管它，现在临近高考了，我突然对自己的强项产生怀疑，我还能行吗？我觉得自己还有许多知识没看，没记住，我一下就慌了！

答：面对逼近的巨大挑战，心理上的恐慌是正常的，怎么重新找回自信呢？每天找几份模拟试卷，按考试要求做一遍，你会发现，你会的还是会，不会的赶紧再复习，现在只能是对自己出错的地方的知识点再进行弥补，已经做对的地方就确认是自己掌握好了的，就这样了。

问：考前怎样做模拟试题才更有效？

答：考前肯定要做大量的卷子，在做卷子的时候要严格控制时间，一切像正式考试一样，不要听音乐、看电视、玩电脑、吃东西等，要很紧张地完成。对简单的题，也要按要求去做，不要认为简单就不写一遍。对想不起来的题先放在一边，先做会做的题，不要一道题想半天。对基础知识题（占60%）要保证全部做对，较难的题（占20%）做对大部分，对很难的题（占20%）做出一小部分就可以了，这样就可以保证总分不低。不要只抓难题，忽略了基础题。平时习惯了很紧张地、有节奏感地做卷子，考试时就适应了，不紧张了。

问：怎样写作业不会犯困？

答：不要一写就写几个小时，要最多每学习50分钟，锻炼10

分钟。锻炼最好是全身协调运动，跳绳、拍球、打羽毛球、拖地板、扫地、洗衣服都可以。

问：我背单词老记不多怎么办？

答：要把看、读、听、写都结合起来，各个感官都在工作，就容易记住，也容易回忆。把单词进行分类，例如，周一到周日是一组，一月到十二月是一组，所有关于吃的是一组，等等，这样记得更多。早晚是记忆的最佳时间。把很难记住的单词贴在家里容易看到的地方，反复强化。

问：我以前喜欢回家后先睡觉，晚上特别精神，考前怎样安排作息时间？

答：把作息时间逐渐调整到和考试时一样，不要熬夜，要保证睡眠。每天都要有至少一个小时的运动或劳动时间。

问：大脑需要营养，我是不是高考的时候要多吃肉？

答：大脑工作最需要维生素和葡萄糖，要保证这两样物质的摄取。吃得太油腻，胃肠功能吃不消，还容易犯困，会影响大脑的工作效率。要吃早饭，否则上午十点钟会出现低血糖，头晕，注意力无法集中。考试期间不要吃生冷食品。

问：考试一开始的时候，我老想上厕所怎么办？

答：这是紧张的一种症状，第一次想上厕所的时候去一次，第二次想去的时候，其实已经没有了，但是感觉有，那我们允许自己想去，但是不要动，并且对想上厕所的念头不着急，想吧，无所谓。同时，赶紧做该做的事，一会儿，这个想法自然就没有了。

问：考前几天我怎么也睡不好，几乎每天就睡四五个小时，我老担心睡不好觉会影响考试成绩，很着急，怎么办？

答：有高考状元介绍自己的经历，他们中也有人考前睡不好觉，但是最后也没什么影响，人一天有 4～7 个小时的睡眠就够了，有的人需要的多，有的人需要的少，不影响智力，所以，不要担心。

问：我对我的好朋友的成绩特别关注，她要是说又做了一大本习题，或者成绩提高了，我就感到压力特别大，怎么办？

答：不要和别人比，由于遗传因素，人和人的智力、体力都不一样，适合发展的方向也不一样，考上清华对她合适，但不见得对你合适，你只要把你自己最大的潜力发挥出来就可以了。你每天把你自己和昨天的你作比较，今天我又掌握了一些知识，就很好呀！

问：最后一次模拟考试考得不好，我看来不及了，就很沮丧，完了，我该怎么办啊？

答：有许多同学的成绩都是忽高忽低的，这次好，下次不好，因为不好，就会重视，下次就考好了，不是没掌握好，而是没重视，

所以没有发挥好。你这次没考好，正是你重视的时候，下次就考好啦！成功就是比失败多一步啊！

问：我妈妈特别烦人，老过分关心我，整天小心翼翼地问我吃什么穿什么，还老爱问我的好朋友的情况，我本来就特别怕和别人比，她偏问，我感到压力更大了！老想跟她发脾气，怎么办？

答：妈妈不了解才特别想知道，你主动跟她沟通，说哪些需要她帮助，哪些不需要她管，哪些是你不愿意听的，耐心跟她说明白。如果她不听，也可以跟你爸爸说，总会有人站在你这边的，发脾气不管用，而且发完脾气自己也不好受。

问：老师整天在班上强调考试的重要性，我越听越害怕，压力更大，怎么办？

答：把压力变成行动，压力就缓解了。

问：我的好朋友最近成绩比我好，我觉得我们的关系比较敏感，我心里不太舒服，影响了情绪，怎么办？

答：考试完了再找他，什么就都解决了，好朋友不是一天两天的，要耐心等待，现在只关注一件事——学习！

问：我考试的时候总会想，考不上我想上的学校怎么办呀，结果特影响情绪！

答：现在说理想没有用，行动最有用，每天的计划完成得怎么样，进度如何？你的潜力发挥出来了，离理想就越来越近。在手上戴根橡皮筋，胡思乱想的时候拉一下橡皮筋，弹自己一下，将思维拉回现实。

第三部分　放松自我

　　紧张有时候体现在感觉上，有时候体现在情绪上，有的在观念、思维上，有的在生理上，因为情绪、思维是我们不能控制的，但是行动是可以控制的，可以通过放松肌肉来放松自己。

◎ 肌肉放松训练的方法：

运动放松法

每天要至少运动累计 1 小时，早晨运动半小时，课间要出去运动，下午或睡前要运动，主要是协调性的全身运动，如打羽毛球、打篮球、游泳、跳绳、拍球等。

冥想放松法（适用于做完题之后、紧张的时候、考试前）

1. 尽量使身体处于最舒适的姿势，然后闭上眼睛。
2. 注意你自己的呼吸。
3. 注意你是用鼻子还是用嘴呼吸。
4. 注意你呼吸的节律。
5. 注意你全身的肌群，哪些处于紧张状态，哪些处于放松状态。
6. 再次注意你的呼吸。我们马上就要开始调节呼吸了。
7. 现在开始用鼻子吸气，用嘴呼气。
8. 保持现在的方式，试着更深地呼吸。控制你的膈肌，吸气的时候使肚子鼓起来，呼气时让它瘪下去。试着做几次这样的呼吸，你可以把手放在肚子上去体会"腹式呼吸"的过程。
9. 保持这样的呼吸，现在在吸气的时候心里默默地数：1—2—3—4，憋住，默念 1—2—3—4，然后慢慢地呼气，默念 1—2—3—4—5—6—7—8，如此重复。
10. 当你继续的时候，体会一下你全身的感觉，尤其在呼气时，体会一下慢慢地、有节律的呼吸所带来的放松效果。

睡前肌肉放松法（适用于睡觉前）

集中地想身体部位时吸气——然后放松（呼气），逐渐沿着头顶向下放松，三条线路，直至睡着。

1．头顶——枕部——脖子——后背——腰部——臀部——大腿——膝窝——小腿肚——脚后跟。

2．头顶——耳朵——颈部——肩膀——上臂——肘部——小臂——手腕——手掌——手指。

3．头顶——面部——颈部——胸部——腹部——大腿——膝盖——小腿——脚踝——脚面——脚趾。

◎ 森田疗法（适用于考试恐惧、紧张、失眠等症）：

许多神经衰弱的人都有这样的感受：内心经常受到某些不愉快的情绪的困扰，如自责、紧张、恐惧、担心、烦躁不安等，于是拼命控制自己的情绪；明知道某种行为是不应该做的，可就是控制不住地要去做，为所欲为。结果形成恶性循环，感觉越来越差。例如，有考试恐怖症的人每当考试的时候，就会出现紧张、脸红、出汗、心悸等症状，他对这样的情形非常恐慌，担心会影响考试成绩，越想越紧张。所以，他总想克制自己的这些情绪，可是每次都不奏效，他生怕自己这样下去会变成精神病，于是就逃避这些令人紧张的场合，怕考试，甚至怕进考场，害怕自己大脑一片空白。有的人晚上睡不着觉，胡思乱想，总想控制自己别想了，可就是控制不住，最后变成顽固性失眠。还有的人在紧张的时候，总提醒自己别紧张，但怎么也控制不了，所以总是影响成绩。心理医生经常采用森田疗法来缓解这些症状。

森田疗法的原则是顺其自然，为所当为。

对于紧张不安的情绪要疏导，让它过去，顺其自然，不要拼命控制，因为情绪如潮，越堵越高，越控制越严重，同时，继续做你应当做的事，一会儿紧张情绪就自然消失了。例如，你在公共场合感到紧张，你可以在心里对自己说："紧张去吧，我不管它了，又能把我怎样？"同时，带着紧张情绪说你该说的话，关注说话内容，不要关注自身的感受。结果你会发现，没什么可怕的事情出现，虽然有些不舒服，但自己还是能战胜自己的，多次实践之后，自信心就逐渐增强了，自己也不再为考试紧张而苦恼了，因为你找到了治病良策。失眠的人不要控制自己的思想，应放松自己，对自己说："想去吧，大不了我今天不睡觉了。"同时做慢呼吸，放松自己的肢体，慢慢地你就会睡着的。

这些做法看似简单，好多人不相信自己能这样做，总想依赖药物，而不是依靠自己的努力。其实，在心理医生的指导下，你完全可以用森田疗法来治愈紧张和恐惧。但是，如果你不下决心去尝试，你永远也不会发现自己的潜力。

家长篇

第一部分
帮助孩子中高考，从我做起

家长切忌：唠叨、说大道理、紧张、过分关注、溺爱、包办代替、抓小失大、责骂、过分严厉、不与孩子沟通、监督、不信任孩子、对孩子要求过高、不能理解孩子……家长把自己调整好了，许多孩子的心理问题就会迎刃而解。

一、家长忍不住

杨老师，现在我一说话，孩子就跟我嚷嚷、发脾气……

那就不说。

可是我不说他学习上不去！

你说了却适得其反，效果更糟。

但是我忍不住！不唠叨我心里难受……

那就自己出去散散步，或者陪孩子一起做运动……

不说孩子我就会犯病，你治治我的病吧！

孩子学习成绩下降，家长忍不住要说他，他特别烦，听不进去，怎么办？

◎ 这是许多家长都会遇到的问题，看到孩子学习成绩下降，家长比孩子还着急。不说吧，不负责任，说吧，孩子又不听，越说孩子越烦。家长真没办法！

家长 A 的儿子今年要高考，在最近的一次模拟考试中他的成绩下降了不少，而他的好朋友则远远超过了他，他回家后很烦。家长担心孩子因此学习成绩再下降，真为他着急，忍不住要说他，想激励他，拿他的朋友来和他比。结果他特别震怒，家长一说多了，他就跟家长嚷嚷，发脾气，摔门，不愿意写作业，心静不下来。家长现在不知怎么帮他，看到他都不敢说话。

◎ 原因分析：

1. 孩子到了青春期，自我意识发展了，自尊心特别强，他们最关注好朋友的名次。本来这次成绩不好就挺苦闷的，家长再拿自己孩子的缺点和别的孩子的优点比，这当然是孩子最烦的事了。家长要是真的爱孩子的话，就不要哪壶不开提哪壶，孩子自己心里也烦，我们再啰唆的话，他肯定更烦了，一烦就不想学习了，以此来对付家长。

2. 有的孩子为什么那么懂事？不用家长说就自觉学习。理解是习得的，家长总是能站在孩子的角度想问题，理解他们的需要，孩子就自然能理解家长的需要，不用多说，孩子就自己努力了。如果家长总做让孩子烦的事，孩子就会总做让家长烦的事。

3. 面对高考压力，孩子紧张，家长也紧张，紧张会让人烦。耐心差的家长会控制不好自己的情绪，烦的时候就唠叨，其结果不仅对孩子没利，反而有害了。

4. 不自信、好面子，也不相信孩子能把学习搞上去。家长自己是个不自信的人，会经常性地不相信孩子的能力，结果会造成孩子也不自信。

5. 不得法，家长心里难受就唠叨，以为唠叨会有用，结果不仅没用，反而更糟，那也要唠叨！

6. 沟通问题，家长把孩子当作监督对象，没有做朋友，无法沟通。

◎ **核心问题：**

家长站在孩子的角度上想想孩子此刻需要什么，然后再决定做什么。

◎ **心理处方:**

1. 如果你的好朋友遇到了困难,他最需要什么?鼓励、理解和支持,而不是唠叨。那么,孩子也需要家长给予他们这些,家长要舍得给自己的孩子鼓励和支持:"没关系,你下次肯定能行!"这样才能真的成为孩子的朋友,才能及时地帮助孩子。

2. 不要拿自己孩子的缺点和别的孩子的优点比,尤其是他们的好朋友,这是孩子最痛苦的事。要多看到孩子身上好的一面,这样孩子也学会了经常看到自己的优点,这是培养自信心的第一步。他们要是相信了自己能行,就会自觉地发挥自己的长处。一个人之所以成功,是因为发挥了自己的长处;一个人之所以失败,是因为发挥了自己的短处。

3. 忍不住要唠叨的时候,可以自己出去散步,或者陪孩子一起做运动,孩子在运动的时候愿意说话。孩子说话的时候,不要否定他们,也不要说教,多倾听,这样他们才愿意跟家长说心里话。

4. 遇到困难,如何对待?这是培养孩子克服困难能力的机会,但是家长的唠叨给孩子一个坏的榜样,所以,家长要考虑到我们要培养孩子的什么能力。

5. 与其唠叨,不如帮助孩子一起制订提高学习成绩的行动方案,先分析成绩下降的原因,然后有针对性地去解决它。孩子会很高兴有人帮他。家长有事做了,心里就不焦虑了。

二、家长管得太多

　　其实我对孩子既关心又宽松，但孩子老觉得我管得太多了！

◎ 家长都觉得自己对孩子管得一点也不多，因为家长已经习惯了对孩子呵护备至，从头到脚地管制了。家长认为，我们又没有非要求孩子考上什么大学，也没有逼着孩子熬夜。相反，我们还催孩子出去玩、去旅游、去锻炼呢！但是孩子就是不出去，还嫌我们管头管脚，经常烦躁、发脾气，我们该怎么管孩子呢？

家长 B 的女儿是个特别自觉乖巧的高三学生，学习成绩不错，但是最近情绪不好，总爱对爸爸发脾气。她的爸爸表面上看，很开朗、热情、通情达理，为孩子想得非常周到，只要孩子想办的事、想去的地方，他都会为孩子安排。但是，他要亲自陪孩子参加，可是女儿就是不愿意跟爸爸一起活动，宁愿自己待在家里学习。经过和女儿谈话才了解到，这个爸爸对女儿心里是爱，但是控制极多，例如去奶奶家吃饭，或是家里来了客人，爸爸会当着别人的面，数落孩子吃饭别出声啊，勺子别刮碗啊，弄得孩子很难堪。和孩子一起出去玩的时候，他也是不断地提醒孩子、要求孩子，结果孩子很紧张、很不愉快，就不愿意跟爸爸一起出去了。不管什么活动爸爸都不放心，都要陪着，那孩子也就不愿意参加活动了。

◎ 原因分析：

1. 父亲的控制欲太强，把孩子当作下属来管理，孩子自然有反抗心理。

2. 家长完美主义，老盯着孩子的任何微小的缺点，防微杜渐，唠唠叨叨，引起孩子反感。

3. 家长对孩子爱得过分，变成焦虑，不让孩子独立行事，处处不放心，结果孩子什么都经受不了。

4. 家长不了解什么是孩子最需要的，以为我们自己替孩子都想好了，孩子享受就可以了，忽略了孩子的选择权利。孩子最需要的是成长空间，是自由和独立，这需要家长尊重。

5. 家长说无所谓考什么大学，但孩子是要强的，家长的放松要求反而让孩子很反感。

◎ 核心问题：

家长自己做得比较成功，拿自己的标准来要求孩子，孩子觉得家长不理解自己。

◎ 心理处方：

1. 在临近高考的时候，一些行为细节问题要先忽略，等高考完了以后再一一矫正。更何况，其实孩子都知道该怎么做，没有必要那么严格。在生活上要粗线条，学习上要认真。

2. 尊重孩子的需要，但是可以给孩子建议，必要的话可以请心理专家给孩子辅导，他才听得进去。有很多时候，沉默比啰唆更有用。

3．在学习计划安排、生活活动安排上要听孩子的需求，对于自觉的孩子不必要多管，否则适得其反。

4．在孩子刚回家、吃饭和睡觉前这些时间，都不要数落孩子。

三、孩子不争气

我这么辛苦都是为了你呀!

我这样在家里最舒服了, 干吗要努力学习?

我们都是要强、勤奋的人, 但孩子一点都不争气, 怎么办?

◎ 家长自己是苦孩子出身，经过刻苦努力，现在各方面都不错，特别希望孩子也能像自己当年那样自觉地努力奋斗，出人头地。但是，现在的孩子和父母当年大不相同了，他们没那么多理想和奋斗精神，即使面临高考了，也是松松垮垮的，他自己不急，是家长替孩子着急。

家长 C 曾经下乡、进工厂，自学考上大学，现在是一个中央单位的中层领导，他爱人也差不多有一样的经历。他们不希望孩子吃他们当年的苦，走那么多弯路，可以直接实现上大学的理想。所以，尽可能地为孩子创造好的生活条件和学习条件，同时不断地给孩子灌输——要学得比别人好，要考名牌大学，要有出息，等等，他们对孩子寄予了很高的期望。但是，他们的孩子对学习没那么大兴趣，快高考了还依然不着急，自己也有很高的理想，认为自己要上好大学，但就是没有有效的实际行动，放学回家还看动画片呢！家长很着急。

◎ 原因分析：

1. 家长对孩子的期望值过高，认为自己能达到的，孩子也应该能达到。青春期的孩子都是逆反的，会对家长过分看重的东西不那么重视，甚至反感，好像为家长学习似的。

2. 什么都不让孩子做，造成孩子认为什么事情都很容易，心理上很幼稚。缺乏吃苦精神，怕困难，什么都坚持不了。

3. 对孩子关心太多，管得太细，孩子缺乏自觉性和自控能力。

4. 孩子的理想不是"灌"出来的，更不是"惯"出来的，是经过他自己的亲身体验总结出来的，一是榜样作用；二是挫折教育；三是贫困生活所迫。但是，这个孩子没有这些机会，当然就没有自己的理想了。

5. 又不给孩子吃苦，又让孩子刻苦考上好大学，这本身就是矛盾的。

◎ 核心问题：

把孩子泡在蜜罐里，让孩子发奋图强。孩子觉得这样在家里最舒服了，干吗要努力学习？

◎ 心理处方：

1. 家长降低期望值，对孩子说自己的道路自己走，考大学很好，当个技术工人也很好啊！家长自己有个放松的心态，孩子自己就会紧张起来，他自己会选择合适自己的目标。

2. 孩子选择完目标之后，建议孩子制订行动计划，计划中要包括每天、每小时要做的事，要具体，有学习的时间，也有劳动和锻炼的时间。

3．家长不要对孩子说："我们这么辛苦都是为了你呀！你学习好了，将来这些都是你的！"因为现在条件就挺好，他干吗还要学习呢？要对孩子说，18 岁以后就是自己养活自己，该怎么养活自己你要考虑好，不想学习的话现在就要锻炼干活的能力。

4．让孩子承担家务劳动，他会体验到劳动和学习的差别。劳动或学习完了以后才能看电视，让孩子自己干自己的事。

5．参加爬山、游泳、远足等体育锻炼项目，可以磨炼孩子的毅力。

6．在孩子确实无心学习的时候，拿出周末两天时间，不学习了，就干家务活和锻炼，他自己就会有体验了。

四、家长情绪

宝宝，想吃点儿什么？老鸭汤、皮蛋瘦肉粥、人参鸡？想吃什么妈给你做！

妈妈给你削个苹果吧，还是洗串葡萄，或者削个火龙果？你马上要考试了，得多补充维生素。

我最关注孩子学习，没想到情绪问题严重影响了孩子学习！孩子老觉得我不了解他！

◎ 学习成绩当然是家长最关心的，过去谁会关心孩子的情绪问题？以为小孩子没什么情绪问题，孩子不高兴、嘚嘚嘴，一会儿就过去了。其实，高中生正处于青春期，正处于情绪变化的疾风骤雨期，急躁、焦虑、抑郁、沮丧、自闭、逆反、紧张胆小、敏感多疑、厌食、失眠等都很容易发生，面临高考压力，情绪更加容易受挫。情绪问题解决不好，尽管孩子脑子很聪明，但是孩子无心学习，大家都很痛苦。

家长 D 的女儿是重点高中的学生，高三学习特别紧张，每天都要考试排名次，根据名次分组，好强的女儿每时每刻都觉得压力大极了。家长知道孩子很用功，也很自觉，不用她操心，她唯一担心的就是孩子的身体是否吃得消，所以，孩子每天一放学，她第一句话就是中午吃什么了？吃得多不多？想吃点儿什么？她希望给孩子补充充足的营养。但是，孩子觉得家长就知道吃，别的什么都不关心！就赌气说："没吃什么！什么也不想吃！"一来二去，加上心理压力越来越大，孩子就真的越吃越少，最后已经什么主食都不吃，每天就喝点酸奶，吃些水果，人越来越瘦，月经已经停止了，现在学习时间稍微一长就头晕！

家长 E 的儿子从小由奶奶带大，对奶奶感情非常深，但是，妈妈与奶奶有很大的矛盾，最近时有争执，孩子很矛盾，心情很糟糕。虽然妈妈、奶奶都希望他好好学习，但是，他一想到家里的纠纷，心里就特别难过，忍不住上课、写作业时也想该怎么办，学习成绩下降，马上就要高考了，他很着急。

◎ 原因分析：

1. 家长往往习惯于只从自己的角度去考虑问题，忽略了孩子正在成长为一个独立的人，有自己的思想、人格和情绪，家长控制不了也替代不了孩子的想法。因此，家长思维角度的错位，就会造成孩子情绪上的不满，而且家长越是不理解，孩子越是痛苦。

2. 家长以为学习好了，就万事大吉，不了解许多因素都会影响孩子的情绪，进而影响孩子的学习。尤其是高考前夕，更要注意一些微小的干扰因素。

3. 家长对青春期的孩子，有哪些情绪发展方面的规律也很不了解。

4. 家长自己的不良情绪影响了孩子。

5. 家长为所欲为，不会控制自己的情绪，使得孩子也不会控制自己的情绪。

◎ 核心问题：

家长不了解自己的情绪，也不了解孩子的情绪，只盯着学习。

◎ 心理处方：

1. 在高考重压之下，家长要注意孩子的情绪表现，用自己放松的情绪状态去影响孩子，在放松的环境下孩子才愿意和家长沟通，而不是小心翼翼的氛围。有时候在无意间聊聊自己单位的事，孩子就觉得挺放松，也愿意聊聊学校的事。这时候家长要注意倾听，听孩子有什么看法，不要轻易地批评和否定，或给现成答案。

2. 如果一天只有学习，生活内容枯燥乏味，孩子就很容易情绪急躁、焦虑、烦恼等，要让孩子有适当的锻炼、家务劳动、同学交往、户外活动的时间，这些活动会让孩子脑子里自动产生快乐元素，孩子的情绪就不容易变坏了。不是说孩子别学了，而是说为了更好地学习，劳逸结合。这样孩子才愿意听。

3. 家庭里的矛盾，最好不要在孩子面临高考的时期内爆发，本来孩子压力就大，家长就别添乱了，家庭生活幸福的要求之一是要学会忍耐。

4. 面对孩子的压力，家长自己要放松，如果家长焦虑、烦躁不安，孩子会更加烦躁。

5. 看电视、玩电脑、写作业时听音乐都不是好的放松情绪的方法，之后反而使情绪更不好，尤其是玩电脑，情绪会变得冷漠无情、急躁、易怒、冲动、幼稚、学习注意力不集中。最好的方法是体育运动。

五、家长唠叨

我对孩子总是不放心，老跟孩子唠叨，孩子很烦，听不进去我说的。

◎ 面对高考，家长比孩子还要紧张，压力也特别大，一紧张就容易烦，一烦就爱焦虑，就爱唠叨，表面上是对孩子无比关心，但是，孩子一听家长唠叨就特别烦。家长的行为表现为：完美主义、过分认真和谨慎、总爱担心、把事情老往坏处想、不放心、心胸狭隘、患得患失、犹豫不决、活得特别累。家长不知道，这样做会使孩子更加焦虑，而不是放松，因为焦虑情绪是传染的，是习得的，很容易出现担心什么来什么的情况。

家长 F 在单位是一位很能干的会计师，在家里也是总管，也许是工作习惯，她老怕出错，所以总是提醒孩子别出错，认真点，对于孩子的不良习惯特别爱唠叨，什么进门洗手啊，换鞋啊，吃饭要多吃菜啊，考试别紧张啊，坐在那里要坐直啊……本来孩子脑子里事就多，听到妈妈如此啰唆，就特别烦，忍不住，跟妈妈嚷嚷，结果半天情绪也平静不下来。而且孩子自己也特别爱挑剔，对老师和同学都容易不满，考试审题时容易对自己不放心，越是如此，家长越是"关心"，孩子特别苦恼。

家长 G 是一位大学老师，女儿挺自觉的，学习成绩也挺好。临近高考了，家长自己心里开始不踏实。例如，已经报完志愿了，又有些犹豫，平时孩子学习的时候不敢说，吃饭的时候就跟孩子唠叨，不应该这样，不应该那样，结果孩子不愿意听这些话，就顶嘴，一来二去，两个人就吵起来了，孩子也不吃饭了，家长也有点后悔，但是不知道如何控制自己的焦虑情绪。

◎ **原因分析：**

1. 家长不知道在高考前夕，怎么能抓住西瓜，放掉芝麻。注重学习，先忽略小节。

2. 家长不了解自己和孩子的情绪发展规律。在心理压力大的情况下，平时没事的一句话，这时都会引发冲突。

3. 家长自己缺乏宣泄紧张情绪的渠道，眼睛只盯着孩子。

4. 家长以为反复说会有效，结果适得其反。

5. 不了解有效的沟通方法。

6. 不了解孩子的心理需要，也不知道自己到底要什么。

◎ **核心问题：**

家长只顾自己一片好心地唠叨，没想到适得其反。家长不能很好地控制自己的不良情绪，不太明事理。

◎ **心理处方：**

1. 家长对孩子的关心是好的，但是如何关心？先了解孩子目前最重要的问题是什么，问问他（她）自己有什么想法，也许他（她）自己就有办法解决，家长只需要提供支持就可以了。如果孩子没有自己的想法，家长要启发鼓励，帮助他（她）解决。

2. 家长找朋友、老师、心理专家来倾诉自己的烦恼，寻找有效的解决方法，而不是唠叨。

3. 如果妈妈忍不住要唠叨的话，可以让爸爸最近管孩子多一些。

4. 家长和孩子一起多运动，多做户外活动，大家都放松了，少说没用的话。

5. 有效的沟通就是把孩子真的当作自己的朋友，而不是小孩子。

6. 对于谁都解决不了的问题，要鼓励孩子学会面对，不要安慰或逃避，更不能怨天尤人。

7. 当家长特别想唠叨的时候，就出去散步。

六、家长担心孩子早恋

95

你妈那么让赶子，没劲！

你同学怎么最近不来家里写作业了？

哼，我早就不喜欢他了。

　　孩子学习很好，但最近和一个同学关系密切，家长紧张，孩子反感。

◎ 家长普遍认为，早恋肯定影响学习！所以，对孩子类似早恋的行为，不管是不是真的，都特别紧张，找两个孩子谈话，强调学习的重要性，查看孩子的日记和电话，控制孩子的行踪，天天跟孩子唠叨，别做这个，别做那个！孩子感到特别烦心，觉得家长不信任自己，家长怕耽误学习，想法不一致，就出现了矛盾，反而影响了孩子的情绪，容易影响孩子学习。

家长 H 的女儿是重点中学的高才生，一直没让家长操心。但是进入高三以后，女儿和一个男生关系特别好，经常打电话、发短信，有时周末还偷偷在一起活动。家长特别担心这样影响学习，总是打电话查孩子的行踪，查问打来的电话，不允许孩子与那个男生单独相处。孩子说，没什么，就是聊得来而已。但是，家长不相信。虽然孩子的学习成绩没有变化，但是家长还是特别忧虑，每天都要提醒她别太近乎了，别影响学习，等等。以前家长和孩子沟通得挺好，而现在孩子都不愿意跟家长说心里话，家长觉得有种失控的感觉。

家长 J 比较开明，她的女儿学习成绩很好，最近跟妈妈说："我挺喜欢×××的！"她妈妈说："他有什么优点呢？那好啊，请他来咱们家一起写作业！"结果那男生只来了一次就不愿意来了，说："你妈那么上赶子，没劲！"一周后两个人就各自干各自的事情去了。

◎ 原因分析:

1. 家长忽视了孩子处于青春期,感情萌动是正常的现象,接受孩子的情感,感情如溪水,不去堵它,自然就流过去了。

2. 家长紧张更容易引发孩子的逆反心理,所以,要注意分寸。

3. 孩子一开始是有好感,这种感觉往往在没有人反对的情况下,自动地在一周后消失了,即使是感情,也会在三个月后降温,但是中学生还没有成长到有丰富的感情阶段,家长没必要着急。

4. 允许孩子想,允许他们有好感,但是行动上该做什么就还做什么,那么,情绪很快就被行动牵走了,不会影响学习。相反,越是克制自己、越是反省和自责,脑子就越无法学习。

◎ 核心问题:

认为早恋是需要压制的,不管孩子的情绪。

◎ 心理处方:

1. 理解孩子正常的心理需求。

2. 像知心朋友一样和孩子沟通,尊重孩子有能力处理好学习和友情之间的关系。

3. 把学习的理想和目标定好以后,孩子自己会为自己的前途考虑的。

4. 信任孩子。

5. 帮助孩子找到其他情绪宣泄的途径,例如爬山、游泳、打球等。

七、家长溺爱

对孩子溺爱，物质条件无限满足，但孩子却厌恶学习，惧怕考试。

◎ 对于贫困的孩子来说，高考是卧薪尝胆的奋斗历程；而对于家境比较富裕的孩子来说，高考之路可以说是好的物质条件堆出来的。为了孩子能考取好的成绩，家长为孩子什么都愿意做。但是，获得了所有的幸福之后，孩子对生活没有了追求，相比吃喝现成的、玩电脑游戏、不用担负任何责任、不用做任何家务劳动来说，学习简直是太枯燥乏味了，考试的紧张感觉让人很不舒服，所以，有这样心态的孩子厌恶学习、逃避考试。家长不明白为什么这么好的学习条件，孩子竟然会不爱学习！

家长 K 是一位事业有成的企业家，对唯一的儿子寄予很高的期望，也非常宠爱儿子，基本上是儿子要啥给啥。母亲辞职专门在家照顾孩子，家里还有两个保姆。孩子学习成绩一直都不错，但是，一次模拟考试之后，成绩有些下降，老师找他谈了一次话，从没尝过挫折的孩子有些沮丧，越是想尽快提高成绩，越是上课注意力不集中，而且情绪低落，对学习产生惧怕和厌恶。在临近考试的时候，他突然放弃，说："我不想学了，也不想考了！"家长很着急，怎么说也不行。他整天在家睡大觉、看电视、玩电脑，也不愿出门。

家长 L 的儿子是家里唯一的孙子，从小在家里上上下下都很溺爱他。他脑子很聪明，学习成绩一直很好，一路顺风，没经受过任何挫折打击。上高三后，他也知道应该抓紧学习，结果天天熬夜，特别勤奋，也不做任何体育活动了，可是三个月后的一次考试没有考好，加上这么长时间过分刻苦，心理上一下子垮了。现在他厌恶学习，怕提到考试，根本不愿意看到书本。

◎ 原因分析：

1. 一个人如果没有理想和奋斗目标，就像航行没有灯塔。但是，理想的确立是基于人的需要的，而家长给了孩子太好的生活条件，孩子认为这一切将来都是我的，没有什么需要的了，为什么还要学习呢？

2. 很多家长过分重视高考，让孩子觉得是为家长在学习，所以，当他们觉得不好玩时，很容易放弃学习和考试。

3. 孩子从来没有经受过挫折，家长也从未让孩子痛苦难受过，当孩子遇到学习上的枯燥乏味和失败挫折时，这种痛苦把孩子吓倒了，他们自己不愿意站起来，缺乏信心，同时，缺乏毅力。

4. 挫折是人生最好的老师，但是，家长尽可能地不让孩子受挫折，那孩子在心理上一直很幼稚，也没有机会培养自己战胜挫折的能力。

◎ 核心问题：

家长认为只要条件好，孩子就应该对学习永远都有兴趣。

◎ 心理处方：

1. 在物质生活方面适当地剥夺一些，不要太满足孩子的物质需要。孩子觉得不满足，才会去努力争取。即使家庭条件好，也不要说这些都是孩子的，应该说跟孩子没关系，将来他无权享受，要从头做起。

2. 让孩子参与家务劳动。体验过生活困难的人，才知道学习的快乐。

3．学习要劳逸结合，不要学伤了。

4．孩子学习遇到困难的时候，不要指责孩子，更不要让孩子放弃努力，要帮助孩子分析问题，找出解决问题的办法。

5．在早年让孩子吃苦，他们不会觉得苦。长大以后才吃苦，他们就会觉得特别苦，受不了。

八、家长导致孩子自卑

我很努力地学几小时，也比不上他们学几分钟！

家长对孩子的否定，才使孩子对自己否定。

很爱孩子，但很少当面夸他，孩子说自己很自卑、没信心。

◎ 家长因为爱孩子，就希望孩子哪儿都好，难免用完美主义的眼光来看孩子。我们曾经做过一个调查，几乎没有一个家长每天不说孩子的，家长的挑剔、数落、批评和否定远远多于理解、表扬、欣赏和鼓励。心理学家研究发现，孩子的自信心首先来自家长的欣赏、理解、肯定和鼓励。鼓励就是失败了再来，欣赏能使好的行为重复出现。高考对孩子来说压力特别大，两次模拟考试成绩都可能有起伏，更需要孩子具有自信心，战胜挫折。

家长 M 从小对孩子比较严厉，说得比较多，管得也比较细。他的女儿其实成绩也很好，就是对自己没信心，每次考完试，都说自己考得可能不好，紧张得不敢看成绩，但是，结果下来成绩还挺好的。到了高考模拟考试，她就更紧张了，老说自己要完了，这可怎么办啊！家长对她从没有过高的要求，都说考成什么样就什么样，但是她自己就是不能放松，家长不明白这孩子为什么这么不自信。

家长 N 对孩子的一切都不放心，也容易不满意，总是提醒孩子要注意这，要注意那，总把孩子当作小孩子，结果孩子很反感。但是，真当家长不管他的时候，他又没了主意。例如，他明明已经做了很多的题，但是依然对自己不放心，总觉得自己没复习好，看什么都像是没掌握的，越临近考试，越是对自己不自信，整天紧张兮兮的。

◎ 原因分析：

1. 家长对孩子的否定和挑剔，其实是对自己的不自信，也不相信别人。

2. 家长不了解自信心对于孩子的学业成功是多么重要，很轻易地扼杀了孩子的自信心。没有自信心的孩子就会自卑。尤其是儿子，儿子的自信心来自于母亲的欣赏和肯定。

3. 家长对孩子的严格和挑剔，让孩子觉得自己什么都不行。

4. 后来孩子出现退缩、自卑、自我怀疑等问题后，家长又不知道如何去培养孩子的自信心，又接着说孩子没自信心，恶性循环。

◎ 核心问题：

家长对孩子的否定使孩子对自己否定，不相信自己。

◎ 心理处方：

1. 家长先拿出一张纸，列出自己孩子身上的优点，至少十条，越多越好。

2. 让孩子拿出一张纸，列出自己的优点，给自己一个好的评价。

3. 对比一下，家长和孩子的评价有什么差别，有没有孩子自己看不到的优点，家长把自己对孩子的赞赏告诉孩子。

4. 鼓励孩子去做自己认为对的事情，不要事事管孩子。

5. 对孩子已经取得的成绩要肯定，要知足，然后再鼓励。

6. 让孩子有机会帮助家长做事情，孩子会有成就感。

7. 让孩子自己处理自己的事，孩子会有价值感。

8. 让孩子自己找题考自己，根据成绩而不是主观臆断来评价自己的学习能力。

九、家长强势

考医学院，将来待遇高。

你没看见医生现在天天被人砍！

不要你管！

孩子喜欢某专业，但是家长反对，孩子情绪波动，家长不知该怎么办。

◎ 关于高考前报志愿，孩子和家长很容易发生矛盾，孩子想去外地，家长不同意；孩子喜欢地质，家长说太艰苦；孩子说报中文，家长说不好分配……总之，家长挑挑拣拣、患得患失、犹豫不决、完美主义，对孩子情绪影响很大。

家长 S 的女儿特别喜欢历史，平时爱写历史故事，还获过奖呢！她自己想报考历史专业，但是，爸爸妈妈都不同意，认为学金融更有出息，而孩子说："我可不愿意跟钱打交道！"结果，双方就发生了矛盾，吃饭的时候也忍不住要争论这件事。孩子很生气家长不理解也不支持自己，最近情绪有些受影响。

家长 T 的孩子左脚有点残疾，报志愿有所限制，孩子就希望能去外地，这样可选学校更广泛一些，家长却不放心，根本不让他填报外地学校。孩子有些沮丧，但还是同意了。可是，家长又觉得孩子情绪不高，使劲安慰、劝说孩子。孩子说没事，不要烦他，但家长不相信，认为孩子的情绪就是有问题。孩子最后对心理医生说："不是报志愿有什么问题，而是不停地劝我，让我特别烦！"家长就是不能理解孩子。

◎ **原因分析：**

1. 家长完全以自己的意愿来控制孩子的行为，不尊重孩子自己的意愿，孩子很反感。

2. 家长不了解兴趣和热爱是孩子学习最大的动力。

3. 考前的情绪稳定比什么都重要。

4. 大学专业不一定特别重要，上了大学以后还可以选第二志愿，也可以考研究生确定自己的专业，不是一锤子定死的。

5. 家长比较固执，甚至比较专制。

6. 家长患得患失、完美主义。

◎ **核心问题：**

孩子有了自己喜欢的目标就会更有学习的动力，家长要重视和理解这一点。

◎ **心理处方：**

1. 条条道路通罗马，尊重孩子的选择，既然孩子选择了，就要求他坚持做到。

2. 在孩子没主意的时候，帮助他参考，但也要启发他自己选择，否则将来进了学校，不满意的话，他会埋怨家长。

3. 孩子已经选择完了，就不要后悔，不要和别人比较，先要保证孩子情绪稳定地考上大学。

4. 当家长给孩子的条件很宽松的时候，孩子反而愿意和家长商量。

十、家长吵架

爸妈一吵架,

我就抬不起头来……

家长之间闹矛盾，或感情出现问题，影响孩子学习。

◎ 家庭里难免有矛盾，尤其是夫妻之间更容易有摩擦，比较要强的一方得理不让人，固执己见的一方就是不低头，两个人都犟，为一点小事也可以吵吵嚷嚷。家长都觉得自己最痛苦，其实最难受的是孩子，因为他需要一个安静的学习环境。还有的父母一方有了外遇，也许爱人还不知道，但是敏感的孩子已经发现家长的重心外移，孩子的内心会非常不安，那他怎么能踏踏实实地学习呢？

家长 S 是一位干部，工作比较忙，对家庭和孩子还比较关心。他的女儿马上就要高考了，但是最近总是走神，没精打采的，学习没有劲头。一了解才知道，她最近发现了爸爸的秘密：总有一个神秘电话打进家里来，如果不是爸爸接听的就马上挂断。爸爸经常接到电话后就走了。她很怀疑，但是又不敢告诉妈妈，对此她很不安，也很茫然，上课注意力也不能集中了，而且很烦躁。

家长 W 最近总是怀疑丈夫有外遇，跟踪、调查、审问直至吵架、大打出手，其实她爱人就是爱玩，但是她就是不相信。她的控制欲很强，如果爱人晚上没回家，她就让孩子打电话。孩子马上就要高考了，时间紧张极了，还要被他们的矛盾所打扰，十分愤怒，但又没有办法。孩子真希望有个清净的地方能安心学习。

◎ 原因分析：

1. 家长的情绪控制能力很差，尽管是一件小事，也不管不顾，不能明白什么时间什么场合自己该做什么，想说就说，想吵就吵。当然也不顾及孩子的感受。

2. 家长以自我为中心，没有觉得孩子的前途比自己的感受更加重要，误认为家都快没有了，还管其他干吗？大家关心的都应该是自己！但是，越这样越让对方觉得你自私。只考虑自己的痛快。

3. 家庭成员之间沟通差。

4. 不了解祥和安宁的家庭环境对孩子的情绪稳定有多么重要。

5. 家长本人的性格有问题。

6. 家长的行为控制能力有问题，好像是谁也不知道、两全其美的事，但其实是十面埋伏，最后到处不讨好。

◎ 核心问题：

家长的情绪和孩子的情绪是相通的，家长焦虑、烦恼、恍惚、矛盾，孩子也会不安、走神、茫然，无法安心学习。

◎ 心理处方：

1. 家长把再大的矛盾都放到高考以后去处理，自己忍无可忍的情况下可以找心理专家解决，也就是说在外面解决，而不是自己在家里解决。如果两个人一起去找心理专家，解决起来更有效。

2. 在即将中高考的这个阶段，孩子的前途系于眼前几周，家长要把自己的情感暂时放在一边，先爱孩子，再爱自己或别人。

3. 有话好好说，说不清楚的先沉默一段时间，不要吵闹。

4. 家长要学会举重若轻，大事化小，小事化了。要学会幽默地面对生活，经常让家庭沉浸在欢声笑语当中，而不是炮火硝烟当中。

5. 家庭成员一起参加体育或户外运动，或共同参与家务劳动，运动和劳动能让人大脑自动产生快乐元素。

第二部分
家长一分钟自我调整

问：孩子考试爱紧张，我们总是安慰他，让他别紧张，但是不管用，怎么办？

答：家长做得不完全对，可以说正相反。因为紧张情绪是越控制越紧张，越说别紧张，越会更加紧张，正确的做法是，不要说别紧张，而是说："正常的，紧张就紧张呗，豁出去了！同时，拿笔写字，一会儿就过去了。"当孩子让自己紧张地说话，紧张情绪反而消失了，这叫顺其自然，为所当为。另外，面对孩子紧张，家长自己要放松，因为紧张是传染的，镇定和放松也是传染的。

问：我的孩子一紧张就恶心、呕吐、出汗、哆嗦，甚至发烧，还能去考试吗？怎么办？

答：这些症状都是紧张的结果，不会影响智商和学习能力，不要管它，吐完了接着考，5分钟就过去了。即使是低烧，也不要管它，一会儿情绪平静了，不紧张了，温度就正常了。平时做题要经常模拟考试状态，考试时就习惯了。

问：在孩子特别烦的时候，我应该怎么做才能让孩子平静下来？

答：孩子此时最需要安静。家长的任何唠叨都会让孩子更烦，家长不妨出去散步，孩子会自己平静下来的。

问：孩子学习成绩很好，但是我最近发现他抽屉里有不良书籍，我们特别震惊，该怎么和孩子谈？

答：如果孩子的学习成绩和行为没有任何变化，先不要谈，考完试再谈。

问：孩子最近模拟考试成绩不理想，情绪沮丧，我们该怎么安慰他？

答：有的家长为孩子考虑，怕孩子太辛苦，主动撤火，让孩子别太累了，咱们还有别的办法，就是给孩子卸担子，这对培养孩子的毅力、责任心、自信心都没益处。应该平静地跟孩子谈，首先是理解他的沮丧，然后希望孩子自己做个选择，下一步打算怎么做，自己选择就坚持做下去，家长永远都是支持孩子的。孩子当然会选择坚持考试，实现自己的理想。这样比家长替他选择要好得多。

问：孩子一学习就犯困，我们不知道是该催促他，还是让他睡觉算了？

答：如果睡眠时间够了的话，犯困是因为大脑缺氧所致，运动或劳动是让大脑补充氧气最好的方法，应该让孩子学习45～50分钟，劳动或运动10～15分钟，效果最好。如果一直连续学习好几个小时，最后就没有效率了，甚至会出现神经衰弱的症状。

问：我的孩子快高考了，还看电视、玩电脑，怎么办？

答：看电视、玩电脑不仅不能让大脑休息，反而会使大脑更加疲劳，影响学习效果。家长跟孩子谈的时候，让他选择，想不想考得更好的成绩，然后再玩？孩子当然会选择考大学，那么我们为了实现他的理想，配合他的计划，家长把电视、电脑都暂时先搬走，让孩子看不见，以后再玩。家长自己也暂时别看电视。

问：孩子最近因为老师批评闹情绪，不想学了，家长该怎么办？

答：家长既不要站在老师那一边，也不要站在孩子这一边，首先理解孩子的情绪，然后问孩子："我们是要学习成绩，要我们的理想，还是要面子？"让孩子自己面临选择的痛苦，让他自己选择，自己承受，这样他就长大了。

问：我们知道情绪很重要，怎么能让孩子高兴一点？

答：运动和劳动会让人高兴，每次至少半小时就管用。生活有一些变化，比如穿鲜艳的衣服，家里摆放美丽的花朵、周末骑车到一个旅游景点再回来……这些变化会让孩子情绪兴奋，事半功倍。因为千篇一律、一成不变的生活内容，会让孩子感到乏味、沉闷、压抑，影响其心理状态。有个重点学校的老师，每月带高三的学生去远足、拉练或野营，同学们特别高兴，既放松了情绪、调剂了生活，又增添了继续学习的动力。

问：高考期间的饮食、睡眠应该如何调整?

答：如果孩子以前习惯晚睡，要提前把孩子的睡觉时间往前调，否则到考试前一晚上睡不着。考试前一周不要熬夜，主要以运动或劳动放松为主。吃饭以清淡口味为主，不要大鱼大肉，大脑工作主要需要葡萄糖和维生素，所以，蔬菜、水果要充足，油腻的食物要少吃。尤其早饭不要吃得太油腻，酱牛肉要比肉包子好一些，油腻的东西会使血液都跑到胃里去，大脑就会因缺血而犯困了。平时吃什么，考试期间还吃什么，不要突然变化。要吃早饭，实在吃不了多少的学生，要带上糖、巧克力和饮料，随时补充。

尾声

我爸想让我以后当政治家，或者当会计师，还说当医生也不错。

切，我爸妈对我的future也奇形怪状的，才懒得理他们！

你自己有什么打算？

我决定将来当爸爸，也替我儿子决定未来。